课后半小时 小学生阶段阅读

文化基础 ✕ 自主发展 ✕ 社会参与

U0358658

国防科技

课后半小时编辑组 ■ 编著

是谁保护了我们？

023

北京理工大学出版社

BEIJING INSTITUTE OF TECHNOLOGY PRESS

第 1 天 万能数学 〈数学思维〉
第 2 天 地理世界 〈观察能力 地理基础〉
第 3 天 物理现象 〈观察能力 物理基础〉
第 4 天 神奇生物 〈观察能力 生物基础〉
第 5 天 奇妙化学 〈理解能力 想象能力 化学基础〉

第 6 天 寻找科学 〈观察能力 探究能力〉
第 7 天 科学思维 〈逻辑推理〉
第 8 天 科学实践 〈探究能力 逻辑推理〉
第 9 天 科学成果 〈探究能力 批判思维〉
第 10 天 科学态度 〈批判思维〉

文化基础 → **科学基础** —— **科学精神** —— **人文底蕴**

核心素养之旅
Journey of Core Literacy

　　中国学生发展核心素养，指的是学生应具备的、能够适应终身发展和社会发展的必备品格和关键能力。简单来说，它是可以武装你的铠甲、是可以助力你成长的利器。有了它，再多的坎坷你都可以跨过，然后一路登上最高的山巅。怎么样，你准备好开启你的核心素养之旅了吗？

第 11 天 美丽中国 〈传承能力〉
第 12 天 中国历史 〈人文情怀 传承能力〉
第 13 天 中国文化 〈传承能力〉
第 14 天 连接世界 〈人文情怀 国际视野〉
第 15 天 多彩世界 〈国际视野〉

第 16 天 探秘大脑 〈反思能力〉
第 17 天 高效学习 〈自主能力 规划能力〉
第 18 天 学会观察 〈观察能力 反思能力〉
第 19 天 学会应用 〈自主能力〉
第 20 天 机器学习 〈信息意识〉

学会学习

自主发展

健康生活
第 21 天 认识自己 〈抗挫折能力 自信感〉
第 22 天 社会交往 〈社交能力 情商力〉

社会参与 → **责任担当** **实践创新** **总结复习**

第㉓天 国防科技 ●民族自信
第 24 天 中国力量 〈民族自信〉
第 25 天 保护地球 〈责任感 反思能力 国际视野〉

第 26 天 生命密码 〈创新实践〉
第 27 天 生物技术 〈创新实践〉
第 28 天 世纪能源 〈创新实践〉
第 29 天 空天梦想 〈创新实践〉
第 30 天 工程思维 〈创新实践〉

第 31 天 概念之书

卷首

走近国防科技

　　很庆幸，我们生活在一个和平年代，没有经历过战争和炮火，过着幸福安稳的生活。那你们想过吗，我们的安全是谁带来的呢？

　　俗话说，"国无防不利，民无防不安"，保护我们的正是强大的国防。随着科学技术的发展，国防建设越来越完善，我们能用以防卫的武器也越来越先进，但是要知道，只有不停地发展进步，我们才不会落后，才能守住和平。"天下兴亡，匹夫有责"，面对现今变幻莫测的世界局势，需要我们有居安思危的意识。

　　所以，亲爱的小读者们，希望这本书能让你们了解到现代武器装备，感受到国防科技的魅力。对于知识的获取，我们不仅要知其然，更要知其所以然。相信你们对坦克、潜艇、航空母舰等都有所耳闻，但细细想来，你们对其又知道多少呢？

　　我衷心地希望，你们能从这本书里，了解到它们的发展演变，并以此为基石，开启你们在这一领域的学习积累和创造创新。"少年强则中国强"，更希望这本书能引起你对国防的兴趣，并能在以后的学习生涯不断积累相关知识，为未来的国防科技贡献自己的一份力量，成为国防领域的栋梁之材。

毛明

中国工程院院士，99A 坦克总设计师

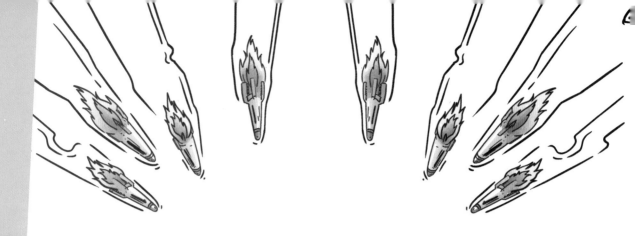

你能听懂防空警报吗？

撰文：的的

不知道你有没有注意过，每年9月的时候，总能听见响彻云霄的防空警报声。而不同频率的警报声，分别是什么意思呢？

其实，防空警报试鸣的信号有三种，按"预先警报""空袭警报""解除警报"的顺序进行。每种警报鸣放时间3分钟、间隔7分钟，我们可以通过它们的鸣警频率和间隔频率加以区别。

预先警报是预先告诉人们敌人即将空袭城市，要求人们做好防空袭准备；规定音响信号：鸣36秒，停24秒，重复3遍为一个周期，时间为3分钟。空袭警报表明敌空袭兵已临近城市，空袭即将或已经开始，警告人们迅速隐蔽；规定音响信号：鸣6秒，停6秒，重复15次为一个周期，时间为3分钟。解除警报表明该阶段空袭已经结束，空袭警报解除；规定音响信号：连续长鸣一声，时间为3分钟。

主编有话说

2001年8月31日，九届全国人大常委会第二十三次会议决定设立全民国防教育日，确定每年9月的第三个星期六为全民国防教育日。

每年9月的第三个星期六是我国全民国防教育日，在当天会进行警报试鸣，我们可以听见防空警报声。

▶延伸知识

全民国防教育日为何要警报试鸣？

警报试鸣，不仅是为了检验防空警报设备和控制系统的完好程度，进一步加强和完善防空警报系统，保持良好的备用状态；还是对全民国防观念和防空防灾意识的一种增强，提升全民对防空警报音响的识别能力。

在水里的不只有鱼，还有潜艇

撰文：的的

我们都知道海洋里有各种各样的鱼，如章鱼、鲸鱼、小丑鱼、沙丁鱼等。而鱼能在水里自由地上浮和下沉，是因为身体里有鱼鳔。鱼鳔就像鱼身体里的气球，鱼鳔一收缩排气，就能让鱼下沉；鱼鳔一充满气，就能让鱼上浮。那为什么潜艇也能像鱼一样在水里上浮和下沉呢？潜艇和鱼一样，也有"鱼鳔"，叫作压载水舱。将储存在潜艇里的压缩空气灌入水舱，潜艇就会上浮；如果想下潜，就需要大口"吸水"，让水占满水舱。

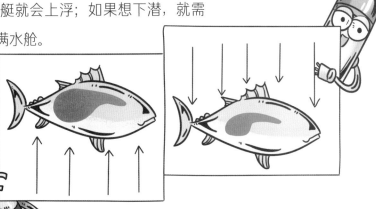

那你知道吗？潜艇作为海军力量的重要组成，在保护我们的安全上发挥着重要作用。要知道，我们虽然生活在和平年代，但不可忽视的是我们仍然面临着许多未知的战争隐患。而打仗需要武器，现代战争更需要先进武器，先进武器是什么样的呢？又是怎样保护我们的安全的呢？快跟我一起看下去吧。

「横行霸道」的陆战之王

撰文：潘志立

提到先进武器，你一定对这个踩着履带、穿着盔甲、装着大炮的家伙不陌生，它就是"陆战之王"——坦克。

转着也能稳定射击

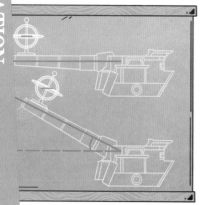

不像潜艇似的在水里活动，坦克是在坑坑洼洼的地面上前进的。按理来说，在这样的路上行进，会十分颠簸，以至于根本无法瞄准，尤其是坦克顶上装载的还是可以 360° 旋转的新炮塔。但是我们有保持稳定射击的秘密武器，也就是火炮稳定器。

坦克的火炮稳定器利用陀螺仪装置，只要炮管随车身摇摆，就会和陀螺仪的转盘形成一定的角度，这个角度会被电子系统记录，然后由机器修正炮管的角度。而且，最新款的三轴陀螺仪可以同时测量六个方向，保持稳定就很简单啦！

秘密日记

你认识我吗？我就是陀螺仪。无论怎么颠簸，我都能保持稳定转动的姿态，就像这样！不仅是坦克，导弹和潜艇也都得到过我的帮助。

盲射？不，坦克也有"眼睛"！

撰文：硫克

坦克有着强大的火力和可靠的装甲防护，但是如果敌人的伪装太强，根本找不到敌人，只能看到灌木和草丛，那么威力再大的炮弹、再精准的射击也无用武之地。这个时候，坦克是不是只能盲射呢？

当然不是！坦克上装载着特殊的"眼睛"，就是<u>热成像仪</u>。热成像仪可以显现出红外线，而任何有温度的物体都会散发红外线，只不过平时我们的肉眼看不见。温度越高，颜色就越红。坦克有了热成像仪，就像有了"火眼金睛"，再也不怕敌人的伪装了！

▶随手小记

坦克为什么叫"坦克"呢？

其实，坦克的名字是根据英语"tank"的发音直接音译而来的。当时的设计师为了保密，起了"tank"这个名字，意思是水柜。坦克看起来是不是还挺像水柜呢？

▶延伸知识

装甲车大家族

装甲车，顾名思义，就是披上了装甲的车。根据不同的需要，装甲车的样子也各有不同。其中，坦克是装甲车中最著名、最特别的一员。

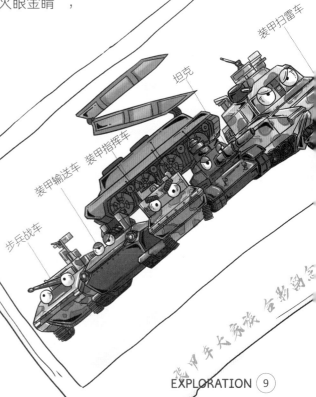

装甲扫雷车
坦克
装甲指挥车
装甲输送车
步兵战车
装甲车大家族合影留念

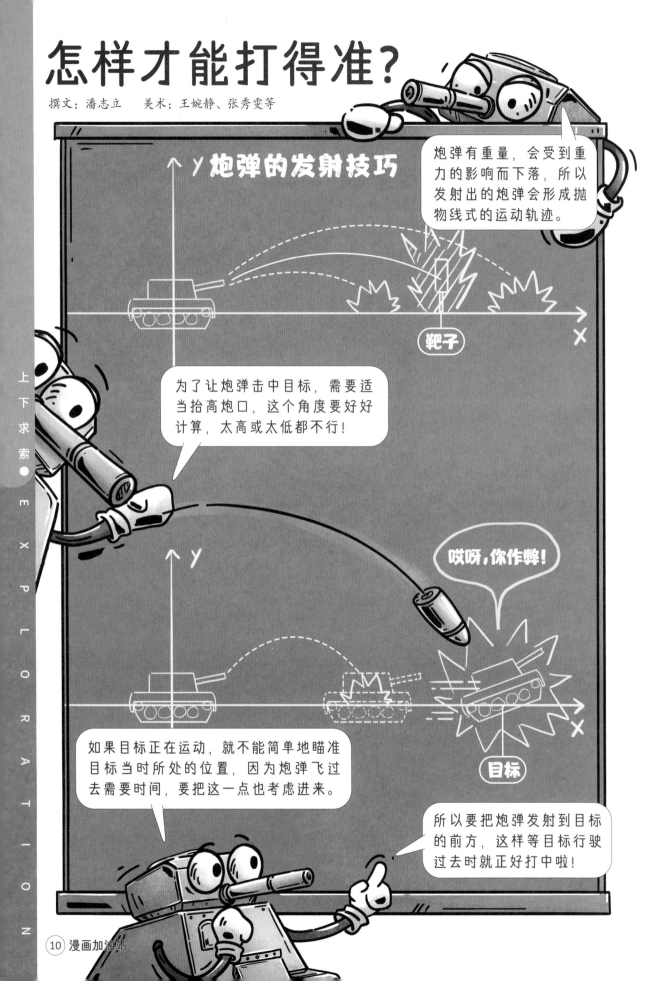

怎样才能打得准？

撰文：潘志立　美术：王婉静、张秀雯等

炮弹的发射技巧

炮弹有重量，会受到重力的影响而下落，所以发射出的炮弹会形成抛物线式的运动轨迹。

靶子

为了让炮弹击中目标，需要适当抬高炮口，这个角度要好好计算，太高或太低都不行！

哎呀，你作弊！

如果目标正在运动，就不能简单地瞄准目标当时所处的位置，因为炮弹飞过去需要时间，要把这一点也考虑进来。

目标

所以要把炮弹发射到目标的前方，这样等目标行驶过去时就正好打中啦！

除了上一页提到的因素外，天气（大风、温度、湿度等）和距离也会影响发射的精准度……

战场上往往都是千钧一发之际，怎么能在那么短的时间内考虑这么多因素呢？

别担心，我有不少帮手！

比如这个激光测距仪，它发射的激光在照到目标后被反射回来，测距仪收到反射光后，就能根据时间算出我和目标之间的距离。

这么酷！

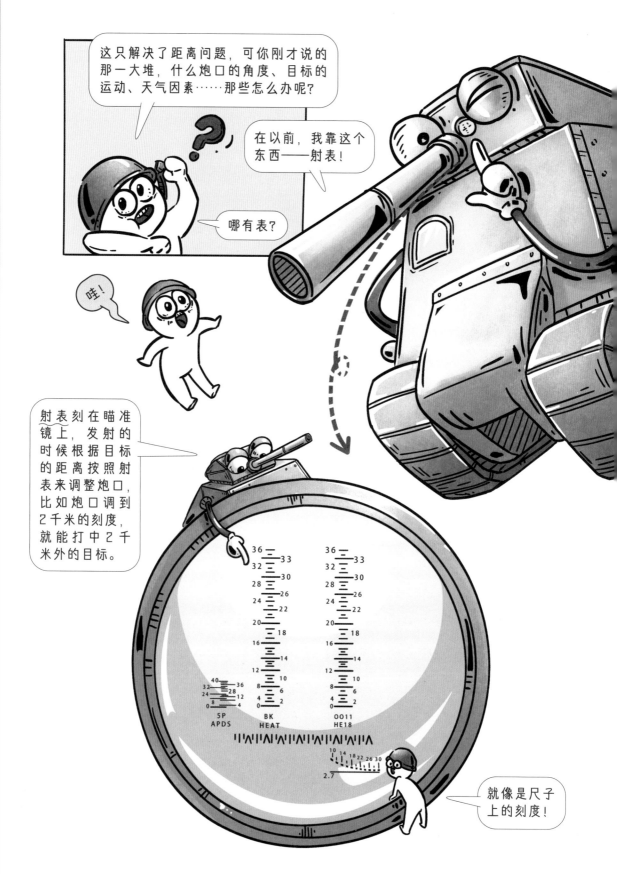

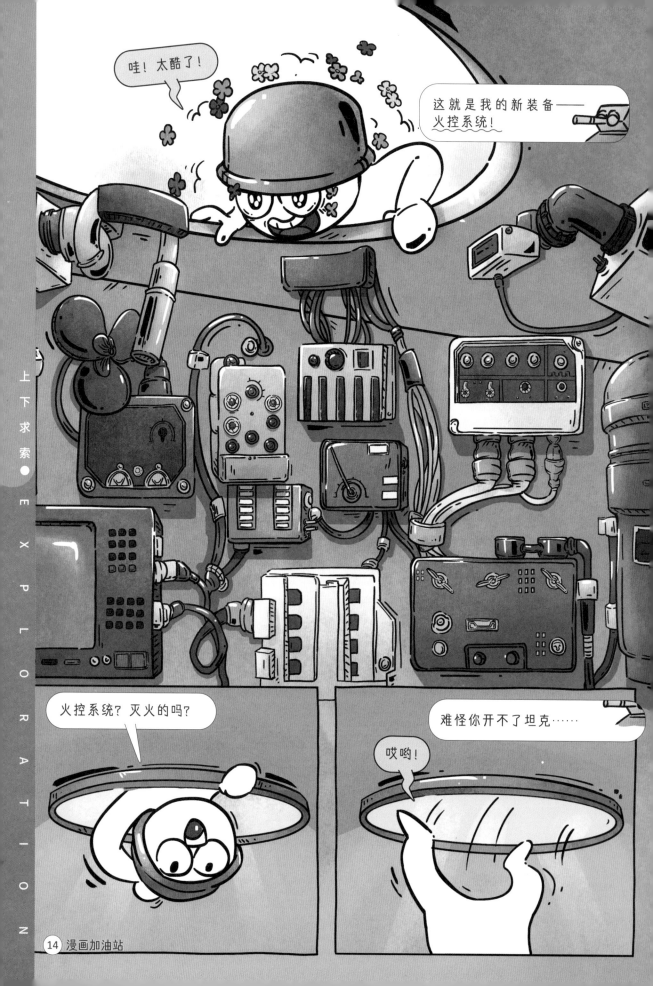

海上的"大家伙"

撰文：的的

这个圆滚滚的东西叫作球鼻艏（shǒu）（bulb bow），也可以简称"球艏"。这个部分在水面以下，是一种用来"乘风破浪"的结构。大型船体都会加装球艏，用来减小船所受的阻力。

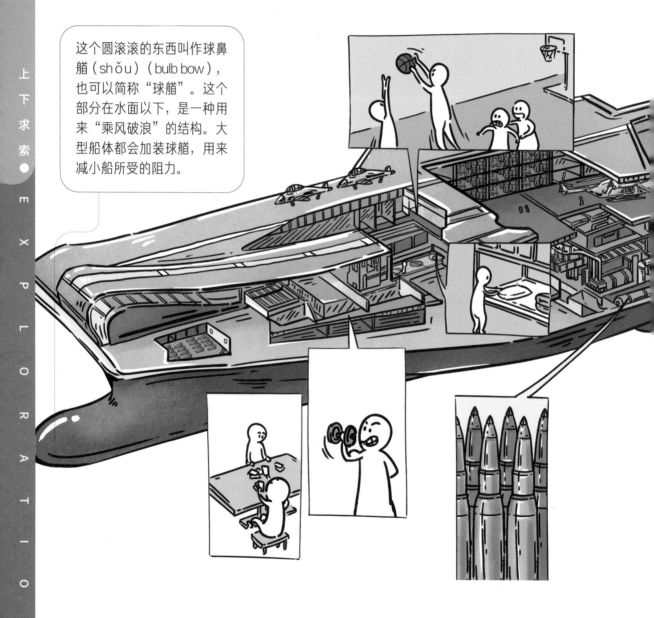

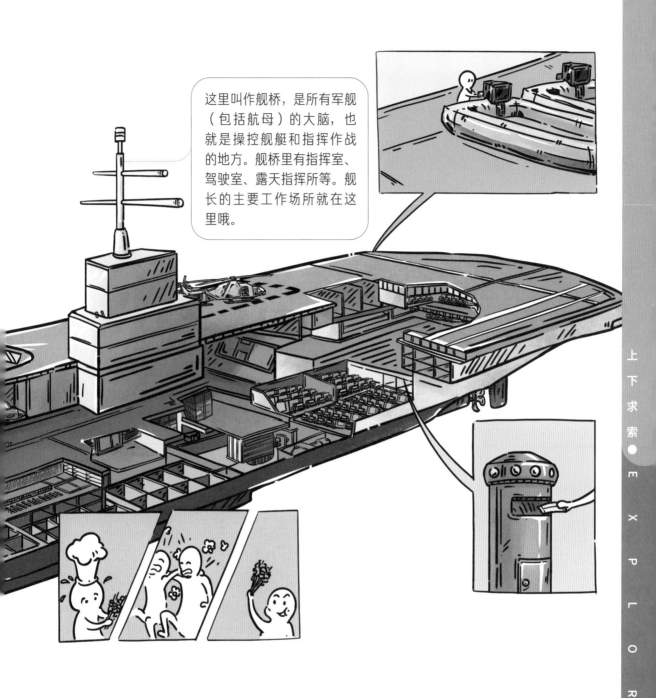

这里叫作舰桥，是所有军舰（包括航母）的大脑，也就是操控舰艇和指挥作战的地方。舰桥里有指挥室、驾驶室、露天指挥所等。舰长的主要工作场所就在这里哦。

说到海上作战，有一个"大家伙"就不得不提，
那就是航空母舰，简称航母。
航母上不仅有舰载机、舰炮、雷达、导弹等武器装备，
还有完备的生活设施，
如宿舍、超市、健身房、洗衣房等，
甚至还有邮局哦!

谁是重量冠军？

撰文：杨夏飞
美术：王婉静、张秀雯等

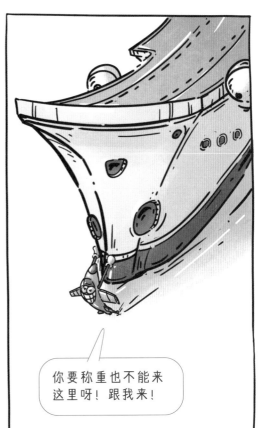

往一盆已经装满水的盆子里继续放东西会怎么样呢？

 很明显，盆子里的水会溢出来。

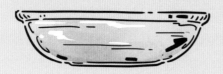

盆子就那么大的容量，装不下的东西自然会被"挤"出来。

 而这些溢出来的水的重量和放进去的东西在水中受到的浮力是相等的。

这些溢出来的水的重量就是放进去的东西的重量。

 难怪船只的重量一般用"排水量"来表示啊！

▶随手小记

曹冲称象

三国时期，曹操最小的儿子曹冲非常聪明。有一天，有人送来了一头大象，曹操想知道这头大象有多重，但又不想杀死大象。文武百官都没想出办法，年仅五六岁的曹冲却提出了用水称大象的方法，这才知道了大象的重量。

航母如果装满各种装备，会轻松超过60000吨排水量。

60000吨

不会飞的航空母舰

撰文：的的

航空，意思是飞机在空中飞行。但航空母舰并不会飞，为什么会叫"航空母舰"呢？实际上，"航空母舰"里的"航空"指的不是这艘大船，而是它上面的舰载机！航母的英文名是 Aircraft Carrier，意思是承载飞机的平台。

航空母舰和普通战舰的最大区别，主要体现在舰载机的质量和数量上。因此对航空母舰而言，尽可能多地增加舰上舰载机的数量，有助于提升整艘航母的作战能力。

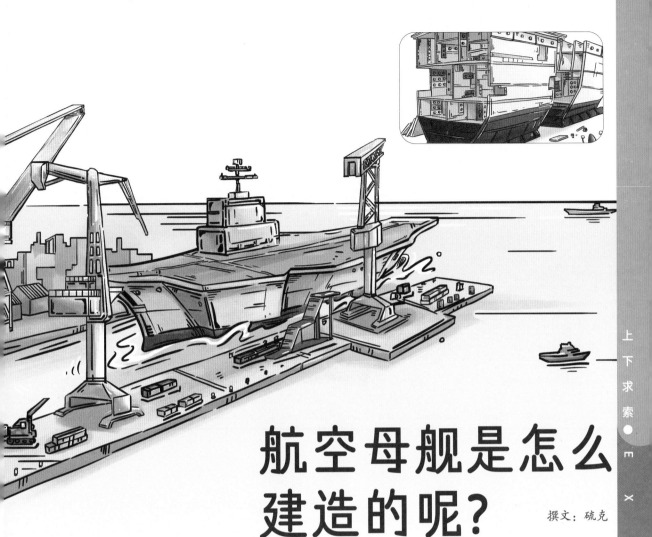

航空母舰是怎么建造的呢?

撰文：硫克

▌主编有话说

通过向船坞灌水、让船只"航行"出船坞的方式，叫作漂浮式下水。有时，还会根据船坞的状况，增加一些拖船，在外进行辅助拖拽，帮助大型船只顺利入海。

由于航空母舰拥有各种各样功能的系统，所以在建造初期，其各系统的位置就已经规划好了。而且，虽然航母里的各种系统是相互联系和贯通的，但航母的建造，其实是像搭积木一样拼装起来的。每一层的部件搭成分段的大块积木，大块积木再进行组装，拼成完整的航空母舰。

同时，因为航母体型太过庞大，所以需要一个比它还大的建造场地——船坞，在这里，小块"积木"搭成大块"积木"，进而拼成完整的航母。航母组装完成后，运走也是一个大难题，这时就要向船坞灌水，水量足够之后，航母就能从提前预留好的航道下海航行了。

庞大的航母编队

撰文：杨夏飞

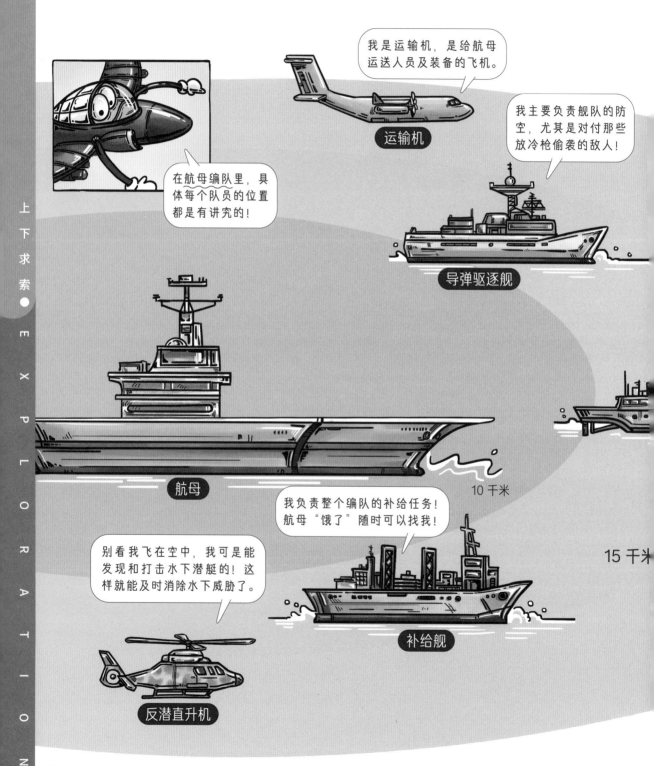

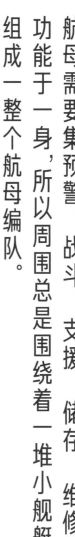

航母需要集预警、战斗、支援、储存、维修等功能于一身，所以周围总是围绕着一堆小舰艇，组成一整个航母编队。

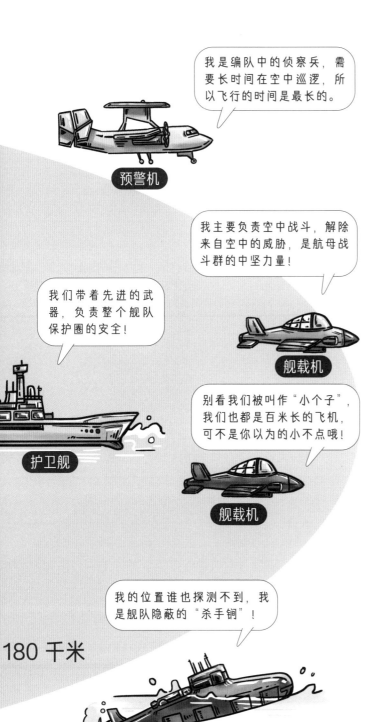

"腾云驾雾"的战斗机

撰文：李旸

现代战争不仅有陆战、海战，还有空战。而要在天空作战当然少不了机动性强、破坏力高的战斗机！那你知道战斗机为什么能飞吗？

飞行的功臣——上升力

不管是战斗机还是其他飞机，它们能在天空飞行的功臣都是"上升力"。简单来说，就是飞机身体下边流动的空气能把飞机托起来，鸟儿能飞行也是这个原理。大气的压力无处不在，当物体上方的压力和下方的压力一样大时，它就飞不起来了，就像这块硬纸板。

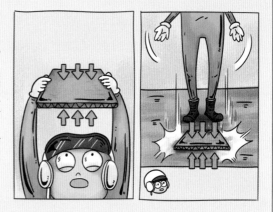

飞机的机翼就像是鸟儿的翅膀，是让飞机能够飞起来的最主要部件。为了获得足够的上升力，机翼上面有像小山丘一样的坡度，而下面基本是平滑的。这是因为机翼上方的坡度能让空气的流动加快，使机翼上下的空气流动速度不一样，受到的大气压力也不一样，这样就会产生压力差。有了压力差，就有了向上的升力，飞机就能飞起来了！

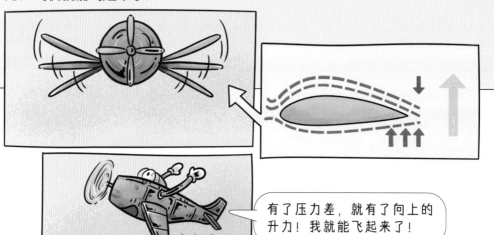

有了压力差，就有了向上的升力！我就能飞起来了！

保持平衡很重要

在空中，尤其是高空，如果飞机一侧机翼的升力骤然减小，另一侧急剧增加，就会导致飞机翻转，以至于机毁人亡。这是飞行中经常碰到的危险，叫"横滚"。这时候，就需要给飞机加上副翼，副翼采用上下偏转的方式使气流的方向发生偏转，形成力矩。左副翼上偏，减小升力，同时右副翼下偏，增加升力，这样便形成了一个"滚转力矩"让飞机偏转，重新找回平衡；反之同理。

除了横滚，还有纵向的翻滚——"俯仰"，也十分危险。要解决俯仰的问题，飞机就需要有升降舵的水平尾翼。升降舵可以上下偏转，当它往上偏时，气流就作用在上方，产生一个抬头的力，飞机就能抬头上升；当它往下偏时，飞机就低头下降。

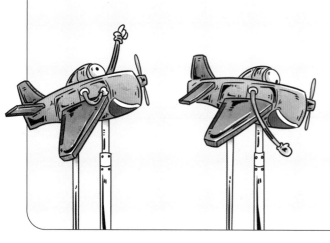

在天上转向

如果飞机要在飞行中转弯，该怎么做呢？飞机在天上转向，需要借助空气气流的力量。给飞机装上垂直尾翼，尾翼后面的部分是方向舵，可以左右偏转，帮助飞机转弯。方向舵往左偏，气流作用在左边，产生左偏航力，飞机就向左转；方向舵往右偏，产生右偏航力，飞机就向右转。所以，当飞机加装了副翼、水平尾翼和垂直尾翼后，就可以在天空自由地飞行啦！

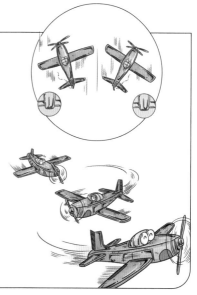

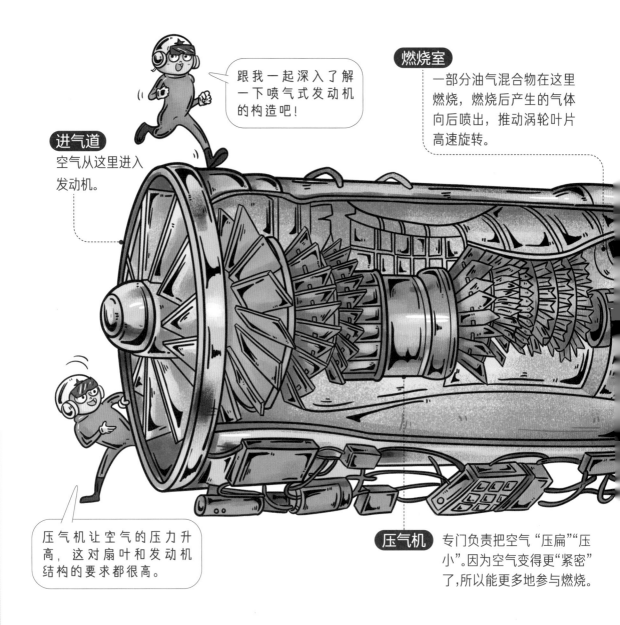

解构喷气式发动机

撰文：硫克

车用的"内燃机"是通过在气缸内燃烧燃料产生的推力推动活塞做功，
这种发动机的做功不够充分。
战斗机的发动机要能提供更大的燃烧推力，
也就需要更多的助燃物来促进燃烧，
所以使用的是喷气式发动机。

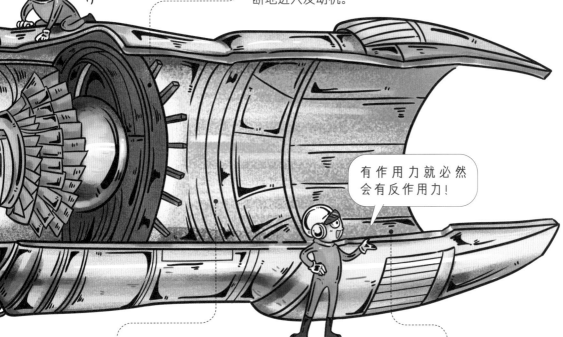

这里是喷气式发动机的第一次燃烧!

涡轮

高速旋转的涡轮叶片带动涡轮轴旋转,并带动压气机更快地旋转,促使空气源源不断地进入发动机。

有作用力就必然会有反作用力!

加力燃烧室

未燃烧充分的油气混合物和再次被雾化的一部分燃油,在这里继续被点燃。

这里是喷气式发动机的第二次燃烧,这次是爆炸式的燃烧!

尾喷管

负责排出废气的装置,通过喷气产生推动飞机前进的反作用力。

敲黑板

燃烧三要素是可燃物、助燃物和火源。通常情况下,像汽油、木材这样可以燃烧的物质叫作可燃物;像空气这样能够帮助可燃物燃烧的物质则是助燃物;而能够使可燃物和助燃物燃烧或爆炸的能量来源叫作火源,比如打火机点的火。

大变身， 战斗机登场！

撰文：李旸
美术：王婉静、张秀雯等

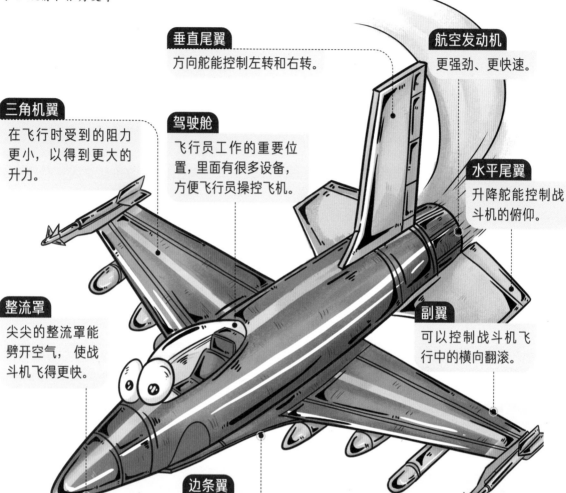

垂直尾翼
方向舵能控制左转和右转。

航空发动机
更强劲、更快速。

三角机翼
在飞行时受到的阻力更小，以得到更大的升力。

驾驶舱
飞行员工作的重要位置，里面有很多设备，方便飞行员操控飞机。

水平尾翼
升降舵能控制战斗机的俯仰。

整流罩
尖尖的整流罩能劈开空气，使战斗机飞得更快。

副翼
可以控制战斗机飞行中的横向翻滚。

边条翼
气流在这里开始分离，增加升力。

我来给你彻底改造一下！

改造中……

机身内部：
战斗机上有综合航空电子系统、飞行控制系统、火控系统、武器系统等机载系统，它们赋予一架战斗机以灵魂，让战斗机在空中飞行的时候可以了解自己的飞行状态、姿态和所处位置等信息。

你现在开始像一架真正的战斗机了！

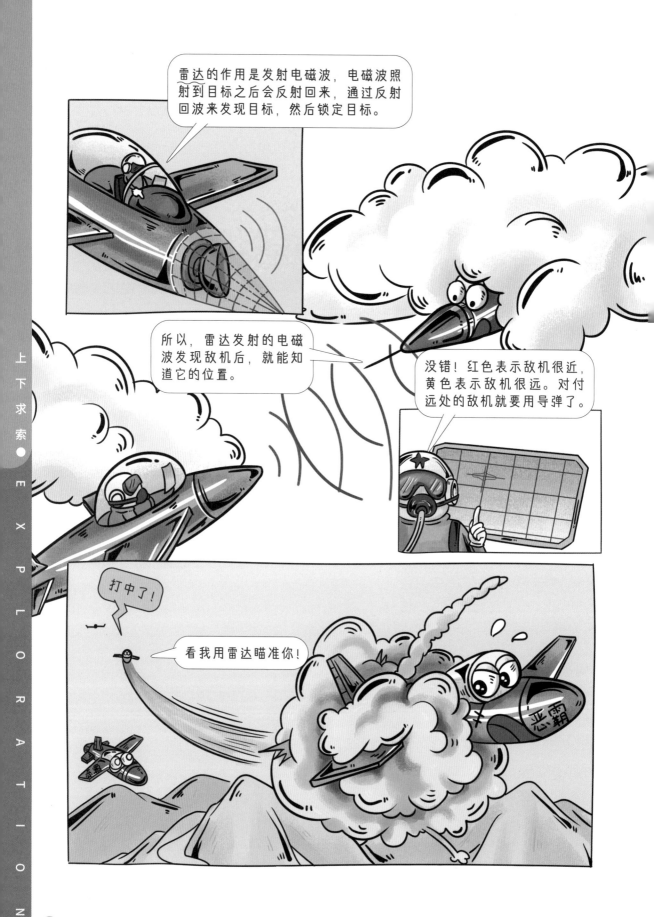

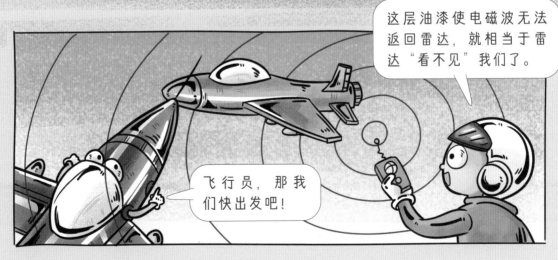

坦克会被淘汰吗？

毛明院士

兵器首席专家，中国 99A 主战坦克总设计师，在主战坦克的总体设计、两栖战车的研究与开发方面做出了创造性成果。获首届全国杰出科技人才奖、2016 年度科技创新人物、首届全国创新争先奖等多项荣誉。

现在飞机、导弹技术这么发达，据说还有无人机能够轻易击毁坦克，那么坦克会被淘汰吗？

答 早在 20 世纪中叶，人们就提出过这个问题。作为陆地上的大目标，坦克惧怕的对手很多，从反坦克枪，到反坦克炮，再到导弹、战斗机、武装直升机，甚至现在的无人机，都能打掉坦克。

但打仗不是单枪匹马的单挑，坦克也从来不是单独作战的。现代战争只不过是把坦克的优势从原来的最大，一定程度地进行了削弱。

一辆坦克身边，往往还有好几辆坦克，它们组成一支小分队，就像战友一样互相照应。坦克的身边还会有步兵和装甲车陪伴，负责清扫隐藏起来的反坦克小分队。而天空飞过的战斗机、赶走敌人的武装直升机，也是整体战斗的一部分。

从地上的士兵、装甲车，到天上的飞机，再到宇宙中的卫星和海洋中的军舰，都是坦克的战友。它们互相配合，共同努力，赢得战争的胜利。

而且，坦克依然有着强大的火力、灵活的机动能力和可靠的防护。在"战友们"的支援下，它们能飞快地翻山越岭，克服恶劣环境，出其不意地出现在敌人的身后，用装甲抵御敌人的炮火，用坦克炮打穿防线。在可预见的未来，坦克依然是最可靠、最实用的"陆战之王"。

为什么只有少数国家才能建造航母呢？

答 航空母舰和普通战舰的最大区别，就是其战斗力主要体现在舰载机的质量和数量上。

因此，对于航母而言，尽可能多地增加搭载舰载机的数量，有助于提升航母的现代化作战能力。也因此，航母很难建造，就是因为舰载机。

第二次世界大战时期的舰载机，通常只有一两吨重，最重的轰炸机也仅仅五吨上下，其飞行速度和现代高铁差不多。所以，第二次世界大战时期的航母和现代航母，可以说是完全不同的两种东西。

进入喷气时代后，舰载机卓越的性能是用众多材料堆积起来的。一架重约三十吨、极限速度能够达到几马赫的舰载机，其尾焰会对甲板造成严重的侵蚀，这就需要现代航母具备特种抗高温的甲板；要拦截几十吨重的飞机，航母的阻拦系统也要可重复安全使用；航母还要有安全存储大量燃料、弹药的机舱，以及存放飞机的机库。

为了能够让舰载机顺利工作，维护舰载机的空间、工具、配件、人员……都需要随着舰载机的数量而增加。保障系统就如同古代的粮草，兵马未动、粮草先行，舰载机未动，航母的载重也要跟上。

航母本身就是一个集合了电子对抗、统筹系统、指挥作战和一定战斗力的集成中枢，且航母本身的个头和重量，让航母在军事用途中既需要保证对速度的可控，又需要保障所有功能可靠、可用。因此，储能和发动机、发电机，都使航母成为一个不断叠加的复杂结构，建造航母的难度远超普通人的想象。

THINKING
头脑风暴

未来畅想

保护我们安全的不仅有这些先进武器，还有一个个身穿橄榄绿的士兵。试着想一想，未来士兵会有怎样的装备呢?

首先是头盔，它可能是这样的……

类型 智能战术头盔。

特点 强化五官功能，适应各种战场需求。

增强视觉距离

增加照明功力

增强夜视能力

提供虚拟现实指示功能

战场视线需求：
防风、防晒、
防雨、防雪盲……

战场通信功能

战场听觉需求：
收听异地指令，
收听环境声音，
防护爆炸冲击……

呼吸维持功能

口鼻防护需求：
防尘、防爆、
防生化武器攻击……

但是，头盔只能保护士兵的头部和部分颈部，所以我们还需要盔甲，它可能是这样的……

陶瓷复合装甲

▶随手小记

身体是士兵身上面积最大、负重最重的部分，应该拥有最厚的保护层。我们可以使用陶瓷复合装甲，它采用了特殊的陶瓷，能将弹头侵入的力分散到四周，大大削减弹头带来的伤害！

防辐射服

胶黏剂　胶黏剂

止裂层

外骨骼系统

复合材料背板　陶瓷面板

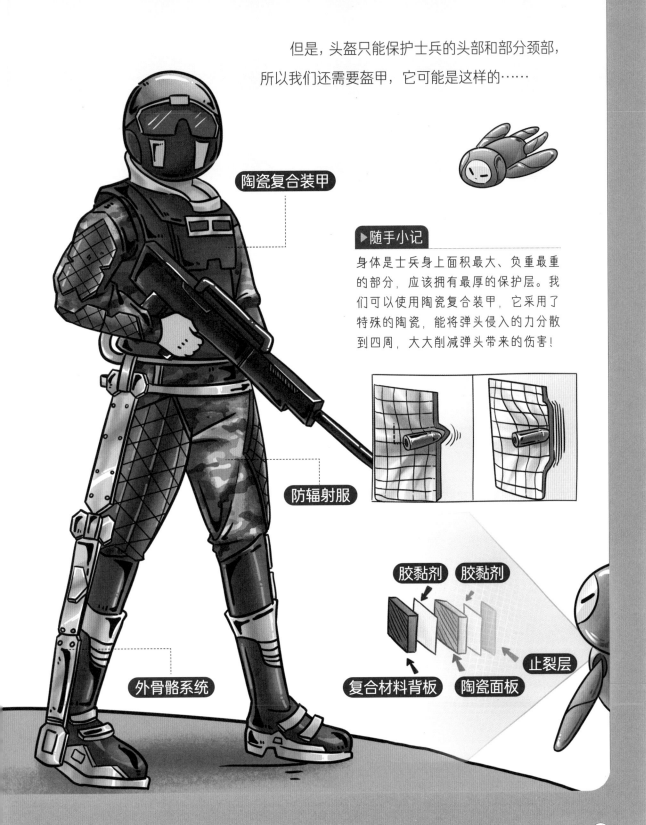

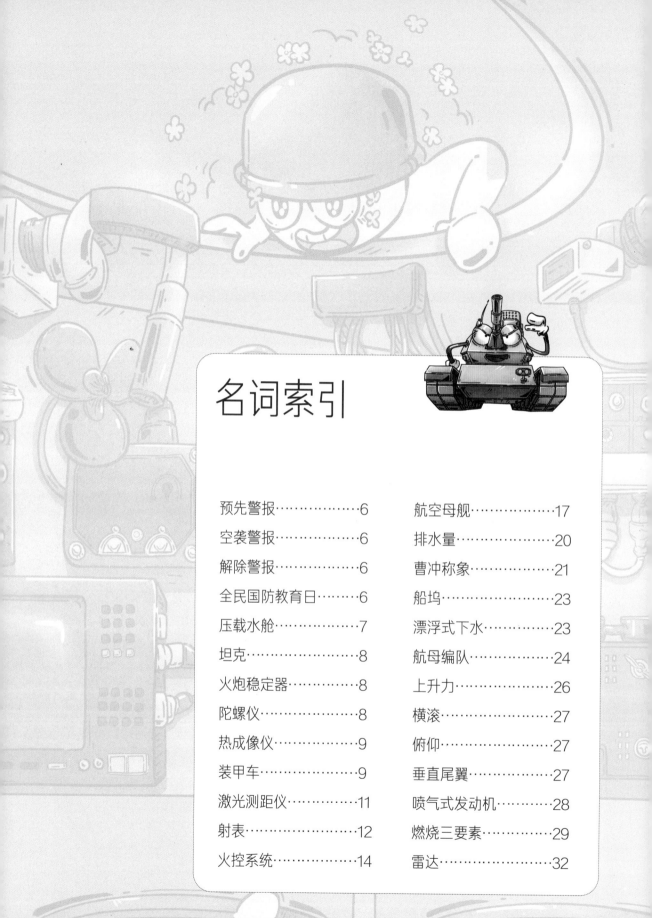

名词索引

致谢

《课后半小时 中国儿童核心素养培养计划》是一套由北京理工大学出版社童书中心课后半小时编辑组编著，全面对标中国学生发展核心素养要求的系列科普丛书，这套丛书的出版离不开内容创作者的支持，感谢米莱知识宇宙的授权。

本册《国防科技 是谁保护了我们？》内容汇编自以下出版作品：

[1] 《新武器驾到：暗夜无声》，电子工业出版社，2022 年出版。

[2] 《新武器驾到：陆战之王》，电子工业出版社，2022 年出版。

[3] 《新武器驾到：移动的岛》，电子工业出版社，2022 年出版。

[4] 《新武器驾到：空天战队》，电子工业出版社，2022 年出版。

[5] 《新武器驾到：武装到牙》，电子工业出版社，2022 年出版。

[6] 《进阶的巨人》，电子工业出版社，2019 年出版。

图书在版编目（CIP）数据

课后半小时：中国儿童核心素养培养计划：共31册/
课后半小时编辑组编著. -- 北京：北京理工大学出版社，2023.5
　　ISBN 978-7-5763-1906-4

　　Ⅰ.①课… Ⅱ.①课… Ⅲ.①科学知识—儿童读物
Ⅳ.①Z228.1

中国版本图书馆CIP数据核字(2022)第233813号

出版发行／北京理工大学出版社有限责任公司
社　　　址／北京市海淀区中关村南大街5号
邮　　　编／100081
电　　　话／（010）82563891（童书出版中心）
网　　　址／http://www.bitpress.com.cn
经　　　销／全国各地新华书店
印　　　刷／雅迪云印（天津）科技有限公司
开　　　本／787毫米×1092毫米　1／16
印　　　张／83.5
字　　　数／2480千字
版　　　次／2023年5月第1版　2023年5月第1次印刷
审　图　号／GS（2020）4919号
定　　　价／898.00元（全31册）

责任编辑／陈莉华
文案编辑／陈莉华
责任校对／刘亚男
责任印制／王美丽